ORDRE LIBRE

DU

DENIER DE LA VEUVE

INSTITUÉ POUR VENIR EN AIDE

AUX FAMILLES SANS FORTUNE

QUI ONT SERVI L'ÉTAT

OU SOUFFERT DE MALHEURS PUBLICS

PRIX : 5o CENTIMES, AU PROFIT DE L'ŒUVRE.

PARIS

IMPRIMERIE JULES LE CLERE ET Cie

Rue Cassette, 29.

1872

AVANT-PROPOS.

Aumônier militaire pendant quinze ans, j'ai eu, en cette qualité, pendant quatorze années consécutives, dans l'administration centrale de la marine, à Paris, des attributions analogues à celles d'un chef de bureau : j'étais l'Aumônier supérieur adjoint à l'Aumônier en chef de la flotte.

Cette situation administrative s'ajoutant, en Mgr Coquereau et moi, à notre caractère ecclésiastique, on comprendra facilement que l'Aumônerie de la marine fût un lieu bien renseigné sur les embarras et les tristesses des familles de militaires, de fonctionnaires et d'employés de l'État.

Les familles de militaires, de fonctionnaires et d'employés défunts que nous avions connus; les familles aussi de militaires, de fonctionnaires et d'employés défunts que nous n'avions pas connus personnellement, mais qui nous étaient recommandés par nos amis de la Marine, de la Guerre, du Clergé et du monde civil, venaient nous exposer les difficultés de leur existence. Elles nous racontaient leur gêne avec des détails et des larmes qu'elles n'eussent pas répandues, peut-être, aussi librement auprès d'administrateurs non revêtus de notre caractère sacré.

Nous nous intéressions vivement à des infortunes si dignes de respectueuse bienveillance. J'estimais un devoir et une prérogative de ma charge de consacrer à des souffrances de cet ordre toutes les énergies de ma sollicitude sacerdotale.

J'évoque tout d'abord ces souvenirs personnels; ils expliqueront, j'espère, et justifieront, que la pensée me soit venue de méditer longtemps et de formuler aujourd'hui le projet qu'on va lire.

PRINCIPE GÉNÉRAL DU PROJET.

Deux faits, en apparence contradictoires, frappent tout d'abord l'attention : c'est, d'un côté, l'importance considérable, le total énorme des sommes consacrées par l'État au soulagement des infortunes dont il s'agit; et c'est, d'autre part, l'évidente impuissance de ces sommes si considérables à soulager, jusqu'ici, ces infortunes d'une manière suffisamment efficace (1).

(1) Voici, d'après les prévisions du budget pour l'exercice 1873, la somme des pensions payées par l'État :

Pensions militaires.	55,393,000 fr.
Pensions de la marine. , . .	18,920,000
Pensions civiles.	41,340,000
Récompenses nationales. . .	452,000
Total. . .	116,105,000

Dans ce chiffre ne sont pas comprises les nombreuses pensions servies par l'État aux serviteurs des anciennes listes civiles.

On aurait tort de voir dans ce double fait une anomalie. L'État fractionne nécessairement en une infinité d'allocations individuelles, extrêmement modiques chacune, les millions de son budget des Pensions et Secours ; voici ce qui en résulte :

Le ministre de la guerre, je suppose, attribue à une veuve sans enfants un secours annuel de *cinq cents* francs ; il attribue en même temps à deux orphelins de père et de mère un secours annuel de *deux*

Dans ce chiffre ne sont pas compris, non plus, les *secours éventuels* de chaque année. Ils s'élèvent à 700,000 fr. au ministère de la marine, et dépassent 1,200,000 fr. au ministère de la guerre. On peut évaluer à 4,000,000, au moins, le total annuel de ces *secours* au budget général, soit :

Pensions.	116,105,000 fr.
Secours	4,000,000
Total. . .	120,105,000

Et je laisse en dehors les crédits pour bourses et trousseaux dans les lycées, colléges et autres établissements d'instruction. Je laisse en dehors également les dépenses faites pour les maisons de la Légion d'honneur, l'hôtel des Invalides, le collége de la Flèche, etc. Je laisse en dehors les fonds attribués par le budget local, dans chaque département, à l'assistance de familles sans fortune d'employés et d'agents d'administration. Je laisse en dehors enfin, les pensions et secours payés par la Ville de Paris, la Banque, les Compagnies de chemins de fer et d'autres grandes administrations d'un caractère spécial.

cent cinquante francs pour chacun, jusqu'à leur majorité : la veuve ne peut pas vivre avec ses 5oo fr. ; les deux orphelins ne peuvent pas davantage, avec leurs 25o fr. chacun, vivre, s'élever, s'instruire.

La condition de la veuve et des deux orphelins s'améliorerait déjà si, ne faisant qu'une même famille, ils jouissaient en commun de leur modeste pécule. La condition deviendrait presque bonne, si ce premier groupe se réunissait, pour former un seul intérieur, à un autre groupe composé de la même manière et pourvu d'égales ressources. Six personnes, en effet, cessent d'être absolument à plaindre, lorsqu'elles ont, en province, à la campagne notamment, un revenu commun de 2,ooo fr. par an. A plus forte raison l'aisance naîtrait-elle du groupement des personnes et de la réunion des moyens individuels d'existence, si l'on facilitait à la communauté de se constituer avec certains avantages de surcroît.

Il ressort de cette observation, que le capital annuel affecté par l'État à la juste et noble assistance des familles sans fortune de militaires, de fonctionnaires et d'employés, ne produit, quelque considérable qu'il soit, que des résultats insuffisants, parce que l'État procède—forcément, mais contrairement à la sagesse économique — par l'éparpillement à l'infini de grosses sommes en sommes microscopiques, au lieu de pouvoir, par l'association, faire, de sommes minimes une somme collective raisonnablement plus forte (1).

Procurer cette association, dans les limites du possible et du convenable, par des combinaisons qui la fécondent encore, tel semble donc le vrai but à poursuivre.

Et dès lors je formulerai ainsi le principe général et supérieur du projet ci-dessous exposé :

1° Créer, par la réunion des ressources de plu-

---

(1) Au 1er janvier 1871 — date des derniers relevés complets, — les pensionnés de l'État étaient au nombre de 188,640 ; savoir :

Pensionnés civils.	51,769
Pensionnés à titre de récompense nationale.	1,071
Pensionnés militaires.	58,922
Veuves et orphelins de militaires. . . .	14,220
Pensionnés de la marine.	62,658
Total.	188,640

Ce total s'est considérablement accrû depuis deux ans. A la marine, par exemple, de 62,658 le chiffre s'est élevé à 70,000 environ. L'accroissement a été proportionnel dans les autres départements ; ce qui permet d'évaluer, dans son ensemble, le chiffre actuel à 212,000 pensionnés de l'État.

A la marine, dans le chiffre général des pensionnés et secourus, il y a 5,000 orphelins ou orphelines. Il y en a davantage à la guerre. Le total des orphelins pensionnés dans les départements militaires et civils dépasse certainement 15,000.

Le nombre des veuves est un peu supérieur.

sieurs dans un seul intérieur, l'aisance collective du ménage, au lieu que l'éparpillement des mêmes ressources se traduit aujourd'hui pour tous en une étroite gêne.

2° Faire du noble soin d'élever les orphelins et orphelines de l'armée et des administrations publiques, un très-honorable moyen d'existence pour les anciens militaires, fonctionnaires et employés de l'État, pour leurs parents et parentes jugés dignes et capables de cette délicate et grave mission.

3° Réaliser ce programme, à l'aide de moyens accessoires et connexes qui ajoutent encore à sa fécondité intrinsèque.

Je le répète, voilà les principes.

LE PROJET.

Ces principes passeraient heureusement et sûrement, selon moi, par l'ensemble de mesures suivant, dans le domaine des réalités acquises :

1° Créer, en rase campagne, en lieux attentivement choisis à tous égards, et dans les conditions voulues d'économie, d'hygiène, de comfort et d'agrément, *un* ou *plusieurs* centres spéciaux de population.

2° Offrir, dans ce ou ces centres de population,

là jouissance, aux conditions le moins onéreuses possible, d'une maison avec jardin, à tout ancien militaire, fonctionnaire ou employé de l'État ; à tout parent ou parente de militaire, de fonctionnaire ou d'employé ; à toute personne, en un mot, qui en ferait la demande justifiée.

3° En retour de cette jouissance d'une maison, en retour aussi des autres avantages qui pourraient être faits aux ménages ainsi logés, leur imposer l'obligation de prendre et d'élever d'*un* à *quatre* orphelins ou orphelines de l'armée et des administrations publiques.

4° Payer à ces ménages la pension des orphelins et orphelines recueillis par eux, soit à l'aide des secours actuellement servis à l'orphelin et à l'orpheline par le budget de l'État, soit à l'aide de fonds provenant d'autres sources.

5° Instituer, dans ce ou ces centres de population, et sur des bases à arrêter ultérieurement, un système complet, nouveau et pratique avant tout, d'enseignement littéraire, scientifique, artistique et polytechnique.

6° Parallèlement aux établissements scolaires, favoriser la fondation et l'organisation d'ateliers et établissements industriels capables, par leur nombre, leur importance, leur variété, de fournir à tous les enfants et adultes des deux sexes une occupation tentante et rémunératrice.

7° Autoriser les ménages logés par faveur dans ce ou ces centres de population à prendre, comme pensionnaires, et dans des conditions déterminées par un règlement, des enfants des deux sexes n'ayant aucun titre à une assistance quelconque, mais qui voudraient profiter, en venant dans ce ou ces centres spéciaux de population, des avantages offerts par un système exceptionnellement combiné d'études scolaires et de travail professionnel.

Certaines de ces dispositions comportent et méritent quelques mots d'éclaircissement.

ÉLÉMENTS DE PROSPÉRITÉ.

Il va sans dire que les programmes et les bâtiments scolaires, dans ce ou ces centres de population, seraient différents pour les garçons et pour les filles.

Les programmes se répartiraient sur l'enfance et la jeunesse entières de l'élève ; mais le temps de l'élève ne serait entièrement consacré aux études que dans les premières années. De 6 à 12 ans, par exemple, garçons et petites filles passeraient dans leurs classes respectives à peu près toute leur journée. — De 12 à 15 ans, au contraire, la journée se partagerait, environ par moitié, entre l'école et un apprentissage professionnel. — De 15 à 18 ans, enfin, le travail professionnel occuperait huit ou dix heures, l'école quatre ou deux heures seulement.

Or, le premier au moins des centres de population dont il s'agit, serait situé non loin de Paris, à vingt ou vingt-cinq lieues. Cette proximité de Paris, le facile recrutement de professeurs d'élite qui en résulterait, et tous les studieux secours que Paris peut fournir, assureraient, pour peu qu'on le voulût, à l'enseignement pour les jeunes gens et pour les jeunes filles, dans le centre en question, une éclatante supériorité. La proximité de Paris, en outre, et le facile abord des chemins de fer contribueraient puissamment à attirer dans ce centre des industries qui, tenant de près ou de loin à la production de luxe, s'exercent en chambre ou dans de petits ateliers, exigent plutôt la délicatesse de la main que la force du bras, et payent le travail proportionnellement à l'intelligence, à l'instruction, au bon goût de qui l'exécute.

Dans ces conditions, on doit prévoir que bon nombre de familles parisiennes, étrangères aux carrières publiques, enverraient avec un certain empressement leurs enfants, garçons et filles, s'instruire dans un pareil centre, en même temps qu'y apprendre un état.

Garçons et filles s'élèvent aujourd'hui dans des

colléges et des pensionnats dont le moindre incon-
vénient, peut-être, c'est que là, dans une vie factice,
la jeunesse des deux sexes puise des idées, contracte
des goûts et des habitudes en opposition flagrante
avec les soucis et les besoins de la vie réelle.

Dans le ou les centres que je propose, l'internat
et tous ses inconvénients seraient supprimés. J'ai
dit, en effet, que dans ce ou ces centres — en
retour de la jouissance d'une maison et en retour
d'autres avantages éventuels — un ou plusieurs
orphelins ou orphelines de l'armée et des administrations publiques s'élèveraient sous le toit d'anciens militaires, fonctionnaires ou employés de
l'État, seraient confiés aux mains reconnues pru-
dentes de toute famille, ou veuve, ou sœur, ou fille
de militaire, de fonctionnaire ou d'employé logées
par privilége. Ces ménages prendraient volontiers,
en outre, comme pensionnaires, un nombre proportionnel d'enfants de la bourgeoisie parisienne. La
sagesse des parents parisiens et des directeurs de
l'Œuvre placerait et répartirait facilement, avec
convenance à tous égards, ces pensionnaires payants,
garçons et filles. Et dès lors ils vivraient dans d'ho-
norables et confortables ménages, à un bon marché
très-sensible, de la vraie vie domestique — par petits
groupes, par groupes voisins mais indépendants,
semblables mais distincts, — au milieu de toutes les
circonstances qui sont partout la pratique de la vie.

Cette substitution de la pension domestique à l'internat paraîtrait en elle-même à beaucoup de parents aisés, sinon riches, une première raison déterminante. Combien de jeunes filles de cette classe auraient, d'ailleurs, grand besoin que leur éducation se complétât par l'apprentissage sérieux, effectif, d'une profession industrielle! Mais un véritable état s'apprend bien dans un atelier, non ailleurs. Or, en général, la composition et le régime des ateliers, notamment à Paris, sont tels, qu'à moins de déroger et de s'exposer, la jeune fille d'une certaine classe ne saurait les fréquenter.

Les garanties seraient tout autres dans le ou les centres que nous avons en vue. Les ateliers y seraient dirigés par des personnes hautement respectables. Ils recruteraient uniquement leur personnel parmi des jeunes filles toutes égales entre elles, toutes de bon lieu, de même avenir, d'éducation pareille. Toutes seraient soumises, dans la maison, à une vraie direction maternelle; toutes fréquenteraient l'atelier, comme la classe, en compagnies de sœurs et d'amies sûres.

Elles recevraient donc une éducation bourgeoise, une instruction complète; elles apprendraient en même temps une profession, et les bénéfices de leur travail manuel, surtout dans les dernières années, allégeraient d'une manière notable pour leur famille les dépenses de l'éducation et de l'instruction.

Ces considérations s'appliquent avec plus d'évidence encore à l'éducation des jeunes gens. Aussi bien, dans des délais peut-être courts, nombre de personnes très-honorables auraient-elles certainement la pensée de venir exercer, surtout dans le centre de population qui se fonderait sous Paris, une spéculation commode et fructueuse : elles ouvriraient de petites pensions, et sans quitter leur toit, leurs enfants, mêlés à des enfants de Paris et d'ailleurs, s'élèveraient sous leurs yeux, économiquement, dans l'étude et le travail professionnel.

Rien n'empêche de conjecturer, par conséquent, qu'un pareil centre, avec le temps, deviendrait une de ces villes à grande Université, comme il en existait partout au moyen âge, comme il en existe tant encore en Angleterre et en Allemagne ; villes dans lesquelles les étudiants se comptaient et se comptent par milliers.

Et comme l'affluence des étudiants donne lieu à la création et au développement d'une foule d'industries et de commerces de détail, la France pourrait voir se produire, à quelques lieues de Paris, un de ces phénomènes réputés jusqu'ici phénomènes propres au nouveau monde : je veux dire l'apparition d'une cité populeuse là où, la veille, n'étaient que solitudes.

Le moment actuel serait favorable à un tel mouvement de population. La guerre, ses malheurs et ses suites n'ont que trop bouleversé d'existences; nombre de familles industrieuses et laborieuses cherchent et chercheront plusieurs années encore, en dehors de leur sol natal et d'origine, leur nouvelle assiette. Élément à la fois de prospérité et digne objet de sympathie, elles se fixeront où le travail les appellera, où la bienveillance les attirera; elles y apporteront leurs mœurs vaillantes et leurs industries précieuses.

Mais il m'importe surtout de faire remarquer ici que ce développement, en quelque sorte spontané du bien-être, dans le centre dont je parle, serait le produit direct, immédiat, du simple principe invoqué tout à l'heure : groupement—en familles honorablement assorties—d'individualités pauvres, et fusion — dans une communauté de parfait aloi —de ressources rendues jusqu'à présent stériles par leur éparpillement (1).

(1) Quand j'ai conçu et tracé ce plan d'un vaste orphelinat par agglomération de ménages, j'ignorais encore qu'une Œuvre tout à fait analogue fleurit à Farningham, dans le comté de Kent, tout près de Londres.

La *Maison des petits enfants*, tel est le nom modeste et gracieux donné par les Anglais à une *agglomération de cottages* qui contiennent chacun, *sous la surveillance d'un ménage*, plusieurs orphelins recueillis dans les rues de Londres. C'est là qu'ils grandissent, *incorporés à la famille de leurs gardiens*. A quelques pas du logis ils trouvent, *dans des ateliers de toute sorte*, les éléments de leur ap-

VOIES ET MOYENS.

La munificence du public, la libéralité de l'État, l'activité de la spéculation privée concourraient utilement, selon moi, chacune pour sa part distincte, à la réalisation de l'œuvre projetée.

LA MUNIFICENCE DU PUBLIC.

Les quêtes, cotisations, souscriptions, fondations etc., sont des sources du budget de la bien-

prentissage professionnel. *A l'école*, ils apprennent, avec la religion et la morale, la théorie de leurs différents métiers.

Le prince de Galles est le premier patron et le plus puissant protecteur de la *Maison des petits enfants*. Des membres du parlement, d'éminents personnages de la politique, de l'Église et du monde des affaires s'intéressent vivement à cette intelligente et féconde institution. Elle a été fondée par M. Hanbury, le célèbre et charitable banquier.

Il m'est précieux de pouvoir autoriser mon projet d'un pareil précédent. Les Anglais sont de grands maîtres en associations : imiter et copier, en l'adaptant aux besoins particuliers de la France, une de leurs entreprises charitables, c'est, à coup sûr, la meilleure garantie qu'on marche dans le domaine des choses véritablement pratiques.

faisance qui ne tarissent jamais. La continuité et l'abondance de leur rapport tiennent du prodige. Mais, je l'avouerai sans détour, pour recueillir, sous toutes leurs formes, les dons de la munificence du public, il m'eût été pénible d'assimiler purement et simplement à toutes les œuvres destinées au soulagement de la pauvreté commune, une Œuvre spéciale qui a pour but de venir en aide à des infortunes d'une qualité à part, nobles entre toutes, et dignes à tous égards de considération, de respect et de ménagements exceptionnels.

Au moyen âge, nos pères, chevaleresques et pieux, n'eussent éprouvé, en cas semblable, entre mille moyens divers d'arriver à leur fins charitables, que l'embarras du choix. Confréries, instituts monastiques, ordres de chevalerie étaient alors également compris, également en crédit auprès de toutes les classes, auprès de tous les mondes. Nous n'avons plus la même latitude : l'opinion publique a dévié ; il nous faut compter avec l'esprit du temps.

Le dirai-je cependant ? je n'ai pas jugé un espoir chimérique, l'espoir de concilier toutes choses, au point de ménager à l'Œuvre que je méditais, un caractère qui participât un peu du caractère de toutes ces institutions, universellement populaires dans le passé, et néanmoins la laissât au fond, et par l'aspect, éminemment conforme au courant général des idées de notre époque. J'ai espéré qu'elle pourrait s'attirer toutes les sympathies qui se portaient naguères et continuent de se porter vers les confréries; bénéficier, aux yeux de quelques-uns, de certains mérites des conceptions monastiques; hériter, enfin, dans des proportions judicieuses, de l'éclat moral et des fières solidarités des ordres de chevalerie.

Une idée morale, ordinairement un souci de bienfaisance, voilà le fond, l'âme, en quelque sorte, de l'ordre de chevalerie. Ses obligations, ses signes distinctifs, sa hiérarchie, l'élasticité de son organisation à peine appréciable dans certains cas, l'ont toujours rendu éminemment compatible avec toutes les nécessités et susceptibilités des conditions sociales les plus diverses. Il a pu et peut encore enrôler indistinctement hommes et femmes, enfants et vieillards, riches et pauvres. Son principal attrait, c'est d'être la cause et le gage d'une émulation que tout le monde avoue avec dignité : il porte au bien ; il n'entrave aucune liberté ; il ne contredit à aucune bienséance.

Par ces motifs, il me paraît que l'ordre de chevalerie est le type, non pas à faire revivre, mais à rappeler davantage, dans la mise en corps et en action de l'idée morale, du souci de bienfaisance qui inspirent le projet à l'étude ici. Ce projet vise de touchants intérêts : il a pour principal objectif la famille militaire et le personnel méritant des carrières publiques ; il prête, par ce côté, à plus d'un rapprochement heureux avec les souvenirs de la chevaleresque bienfaisance d'autrefois. Pourquoi les adhérents de ce projet ne constitueraient-ils pas entre eux une association comme ce temps la comporte, mais renouant, pour ainsi dire, par son titre d'*Ordre*, les traditions du passé ? *Ordre libre*, bien entendu ; sans attaches plus hautes qu'il n'est apte à s'en donner ; sans priviléges plus caractérisés que sa propre indépendance ; sans pratiques plus étroites que la volonté de faire un bien déterminé; sans autre assujettissement réciproque des membres, que leur commun dévouement, chacun selon ses convenances et ses forces, à une tâche vaste dans son ensemble, mais fort restreinte, si l'on considère seulement la part afférente à chaque associé.

Cet *Ordre libre*, les appellations justes et convenables à lui choisir ne manquent pas. Une, entre autres, me paraît convenir à tous les points de vue. Je l'appellerais volontiers : *Ordre libre du Denier de la veuve.*

Le *denier de la veuve* est le symbole des charités modiques, faites de grand cœur. Ce sont celles-là qui, compensant leur modicité par leur multitude, produisent, en définitive, les riches trésors de la bienfaisance et ses œuvres vivaces. Qui fonde ses entreprises charitables sur l'appel aux grosses cotisations, se trompe souvent ; qui calcule sur le denier de la veuve et l'obole du pauvre, n'est jamais déçu.

La veuve, en outre, fut toujours et restera la personnification exacte et l'image acceptée de l'infortune des familles sans soutien ; et ce sont ces familles et, parmi ces familles, celles qui s'imposent le plus légitimement à la sollicitude du public, que l'*Ordre du denier de la veuve* aura pour mission de secourir.

D'ailleurs « assister la veuve et l'orphelin, » c'est, en un certain sens, « la vraie et irréprochable religion. » A ce titre, l'*Ordre libre du Denier de la veuve* répond aux sentiments pieux des âmes croyantes.

Et cependant cette locution — le denier de la veuve, — passée depuis longtemps du langage évangélique dans le langage usuel, peut, à d'autres yeux, ne comporter qu'une idée morale indépendante des diversités de la foi religieuse. Elle n'a donc rien qui engage au delà de ses volontés intimes l'homme de bien, quelles que soient ses croyances.

Ces considérations me portent à croire que, ainsi compris, l'*Ordre libre du Denier de la veuve* remplirait bien, au temps présent, les conditions de nature à faire accepter comme but et comme moyen, à rendre même populaire, dans le fond et dans la forme, l'Œuvre complexe d'assistance et d'union dont je discute l'idée. C'est donc sous ce titre d'*Ordre libre du Denier de la veuve* qu'elle solliciterait et obtiendrait, j'en suis persuadé, les sympathies du public et les contributions de sa munificence.

LA LIBÉRALITÉ DE L'ÉTAT.

L'Œuvre pourrait obtenir le concours effectif des différents départements ministériels, en raison et en proportion de l'intérêt de chacun d'eux, au point de vue de son personnel.

L'État subventionne et entretient de nombreux établissements en faveur des familles de militaires : l'hôtel des Invalides, l'ancien château de Saverne, le collége de la Flèche, les maisons de la Légion d'honneur à Saint-Denis, à Écouen, aux Loges. Ces établissements pourraient, sans abdiquer, voir une partie de leur clientèle passer avec avantage pour tous dans nos centres projetés de population. Rien de plus naturel que d'attribuer à ces centres une part proportionnelle des différents budgets dont ils allégeraient les dépenses.

Ce que les départements ministériels, par des combinaisons de cette sorte, alloueraient à l'Œuvre nouvelle, ne serait pas un accroissement de leurs charges, mais un simple déplacement de leurs crédits. Le Ministère de l'intérieur, en particulier, trouverait sans peine, à cette fin, des sommes importantes sur ses chapitres de l'Assistance.

Et, pour le dire en passant, des contrats d'alliance seraient surtout rationnels et faisables entre l'*Ordre du Denier de la veuve* et une foule d'Œuvres plus ou moins anciennes, d'un caractère plus ou moins privé et très-aptes, par leur objet, à rentrer dans le cadre de ses créations charitables. Le ou les centres bâtis par l'*Ordre du Denier de la veuve* deviendraient la synthèse, la succursale commune, si l'on aime mieux, d'une foule d'entreprises de bienfaisance.

L'ACTIVITÉ DE LA SPÉCULATION PRIVÉE.

D'ailleurs quelle serait, dans l'érection du ou des centres projetés, la dépense la plus forte ? A coup sûr, les constructions. Or des capitalistes, très-légitimement spéculateurs en cette occurrence, ne refuseraient pas, je crois, de prendre sur eux seuls cette charge.

Il achèteraient, en lieu convenu, ou on leur céderait, de vastes étendues de terrain. Ils bâtiraient à leurs frais sur ces terrains d'après des plans et des devis adoptés. Ils trouveraient la rémunération progressive et fructueuse de leurs avances dans la plus-value rapide des terrains et des constructions. Ils auraient acquis, en effet, à vil prix un désert ; ils auraient construit, dans ce désert, aux conditions peu onéreuses de la pleine campagne, et ils posséderaient ou vendraient par la suite, constructions et terrains aux prix singulièrement accrus de terrains à bâtir et d'immeubles dans un centre florissant.

J'avoue sans honte que j'ai été toute ma vie, par vocation et par goût, trop étranger aux affaires et aux spéculations de toutes sortes pour pouvoir indiquer ici, avec un semblant de précision, les bases de l'accord à intervenir entre l'*Ordre libre du Denier de la veuve* et les capitaux de la spéculation privée. Je réserve entièrement cette étude, s'il y a lieu de la faire, à de plus compétents que moi. Mais évidemment, dans la combinaison éventuelle que j'indique, l'Ordre et les capitalistes formeraient deux groupes distincts, s'aidant l'un l'autre, se contrôlant de près (1).

(1) Les officiers de l'armée et de la marine italiennes fondent, dit-on, en ce moment, entre eux, une association de secours mutuels, au capital de 10,000,000 de francs, et destinée à distribuer des secours aux anciens militaires et marins ou à leurs familles sans fortune, ne recevant de l'État qu'une pension trop modique.

Le journal où je lis ce fait le propose à l'armée française comme *un exemple à suivre*. Ce n'est pas mon avis.

L'État, en France, paye aux anciens militaires et à leurs

CONSIDÉRATIONS GÉNÉRALES.

L'esprit de clocher, la passion de parti, l'enthousiasme de système, le fanatisme de secte — toutes formes de l'individualisme — ont obscurci parmi nous dans les intelligences l'idée de Patrie, et affaibli dans les cœurs le sentiment national. Les foules, égarées, ne comprennent plus le pays que comme le village ou la ville qu'elles habitent : elles nient l'État; la commune leur suffit, pourvu qu'elle s'enveloppe à leurs yeux des confuses vapeurs du fédéralisme.

Ce serait sagement réagir ; ce serait raviver le prestige de ce noble et puissant mot, l'État, que de

familles, pour l'armée de terre seulement, une rente annuelle de 55,393,000 fr. Cette rente annuelle reste impuissante à pourvoir, dans la mesure désirable, à tous les besoins. Elle représente cependant un capital supérieur à 1 milliard 100 millions. Quels résultats, dès lors, espérer d'un maigre capital de 10 et même 100 millions ?

Se flatter qu'on réunira jamais, pour l'objet dont il s'agit, des sommes suffisantes par elles-mêmes, c'est une chimère. Il faut combiner le *capital de secours* avec le *produit de son emploi,* de telle sorte que l'*argent* ne se consomme pas, mais se transforme et s'augmente par le travail du *secouru* et par la plus-value croissante des fondations auxquelles on le consacre.

consacrer, dans des proportions de nature à impressionner toutes les imaginations, une Œuvre nouvelle et grandiose aux plus touchants intérêts, aux besoins matériels et moraux les plus pressants des serviteurs de l'État.

L'Œuvre, telle qu'on la propose ici, procéderait au renouvellement de l'esprit public par une réforme presque radicale dans l'éducation de la jeunesse.

Cette réforme consisterait tout d'abord à placer la jeune génération dans les vraies conditions de la vie de famille, et, sans parler des garanties morales et religieuses, dans un milieu tout imprégné de vigueur militaire et de discipline administrative.

Elle consisterait, d'autre part, à assujettir dès l'enfance l'homme et la femme à la fréquentation simultanée de l'école et des lieux de travail, afin que, habitués de bonne heure à travailler pour leur pain tout en s'instruisant, ils continuent plus tard à s'instruire tout en travaillant pour leur pain. Ainsi s'élèvevait le niveau intellectuel du pays, et s'accroîtrait en même temps sa richesse économique : conciliation heureuse de deux grands intérêts sociaux qui semblent se combattre, et qui doivent, en réalité, se seconder l'un l'autre.

Cette réforme, en outre, ferait de l'homme instruit et bien élevé un travailleur; elle ferait du travailleur un homme instruit et bien élevé : elle contribuerait d'autant à rehausser à la fois l'honneur du travail manuel et de l'instruction. Elle mènerait par les meilleures voies au sympathique rapprochement des classes.

Un centre enfin, comme ceux dont il s'agit, offrirait aux jeunes gens d'évidentes facilités pour acquérir de bonne heure un commencement, théorique et pratique, d'instruction militaire. Il correspondrait, en France, à ces Institutions préparatoires dans lesquelles, chez d'autres peuples, le jeune homme puise avec des connaissances anticipées, le privilége de voir réduire à très-peu de temps la durée de son passage obligatoire sous les drapeaux.

CONCLUSION.

On lira plus loin les *Statuts* de l'*Ordre libre du Denier de la veuve*.

Ces *statuts* sont, je crois, le résumé exact et le classemeut logique de toutes les considérations touchées ou développées dans l'exposé ci-dessus. Il s'en dégage deux choses distinctes : un *but* à poursuivre et le *moyen* de l'atteindre.

Venir en aide aux familles sans fortune qui ont servi l'État ou souffert de malheurs publics, voilà le but.

L'Ordre libre du Denier de la veuve, voilà le moyen.

La faiblesse apparente du moyen semblera-t-elle peu en rapport avec les difficultés et la grandeur du résultat cherché ? Ce serait, selon moi, une appréciation sujette à contredit. Des moyens réputés faibles donnent souvent, en matière de bienfaisance surtout, d'immenses résultats. Les grandes choses ont toujours de petits commencements. Toute œuvre naissante a l'aspect débile : c'est alors, et c'est pour cela, qu'il y a mérite à espérer en elle, à l'accueillir, à la seconder.

Eug. CADORET,
Chanoine de Saint-Denis.

ORDRE LIBRE

DU

DENIER DE LA VEUVE

STATUTS

ART. Ier — OBJET DE L'ORDRE.

L'Ordre libre du Denier de la veuve est institué pour venir en aide à des infortunes que leur caractère spécial recommande, à titre particulier, au respect du public et à la sollicitude du pays.

Tels sont :

1º Les veuves, les orphelins et orphelines, sans patrimoine, de militaires, de fonctionnaires ou d'employés de l'État;

2º Les anciens militaires, fonctionnaires ou employés de l'État sans fortune;

3º Les parents et parentes pauvres de militaires, de fonctionnaires et d'employés de l'État;

4º Les victimes directes de la guerre et des autres malheurs publics.

5º Toute personne liée aux carrières publiques, ou ayant souffert par suite de son dévouement ou du dévouement des siens à l'intérêt général.

ART. II. — PRINCIPE GÉNÉRAL ET SUPÉRIEUR DES CRÉATIONS CHARITABLES DE L'ORDRE.

Toutes les entreprises charitables de l'Ordre émanent de ce double principe et y sont ramenées :

1° Réunir dans un seul intérieur des ressources individuelles précédemment éparses, et créer ainsi l'aisance collective du ménage, au lieu de la gêne qui résulte pour tous de l'éparpillement des mêmes ressources ;

2° Faire, du noble soin d'élever les orphelins et orphelines de l'armée, des administrations publiques, etc... un très-honorable moyen d'existence pour les anciens militaires, fonctionnaires et employés de l'État, et pour quiconque, homme ou femme, sera jugé digne et capable de cette délicate et grave mission.

ART. III. — MODE D'ACTION DE L'ORDRE.

A ces fins :

1° L'Ordre créera, en rase campagne, dans les conditions voulues d'économie, d'hygiène, de comfort et d'agrément, UN OU PLUSIEURS centres spéciaux de population.

2° Au fur et à mesure que l'Ordre bâtira, il offrira aux conditions le moins onéreuses possible, la jouissance d'une maison, avec jardin, à toute famille ou personne qui en fera la demande justifiée au point de vue de l'art. 1er des présents statuts.

3° L'Ordre, en retour de cette jouissance d'une de ses maisons, et en retour des autres avantages qu'il pourra faire, imposera aux ménages logés par lui de prendre et d'élever de UN à QUATRE orphelins ou orphelines.

4° La pension de ces orphelins ou orphelines sera payée

auxdits ménages, soit à l'aide des secours fournis à l'orphelin et à l'orpheline par le budget de l'État, soit à l'aide des fonds propres de l'Ordre.

5° L'Ordre instituera dans son ou ses centres de population, et sur des bases à arrêter ultérieurement, un système complet, nouveau et pratique avant tout, d'enseignement littéraire, scientifique et polytechnique.

6° Parallèlement aux établissements scolaires, l'Ordre favorisera, comme étant de première et absolue nécessité, la fondation, dans son ou ses centres de population, d'ateliers et établissements industriels capables, par leur nombre, leur importance et leur variété, de fournir à tous les enfants et adultes des deux sexes une occupation tentante et rémunératrice.

7° L'Ordre autorisera les ménages logés par lui à prendre, comme pensionnaires, dans des conditions déterminées par son règlement, des enfants des deux sexes n'ayant aucun titre à ses secours, mais qui voudront profiter, en venant dans SON ou SES centres de population, des avantages offerts par son système combiné d'études scolaires et de travail professionnel.

8° L'Ordre prendra toutes mesures et secondera toutes initiatives estimées utiles au développement et à la prospérité de son œuvre.

ART. IV. — FONDS ET RESSOURCES DE L'ORDRE.

L'Ordre constitue les fonds et ressources nécessaires à l'accomplissement de sa tâche :

1° En s'adressant à la munificence publique par voie de cotisations, souscriptions, fondations, quêtes, etc.

2° En sollicitant le concours effectif des différents départements ministériels, en raison et en proportion de l'intérêt de chacun d'eux, au point de vue de son personnel;

3º En établissant des rapports et ménageant des solidarités avantageuses des deux parts, entre l'Ordre et toutes les Œuvres et Sociétés de prévoyance ou de secours aptes par leur but, leur mode et leurs moyens d'action, à participer aux bénéfices de la mission que l'Ordre se donne;

4º En faisant appel à l'initiative des industries privées et de leurs capitaux, pour réaliser, sous leur responsabilité, les promesses de son programme, notamment en ce qui concerne la fondation et le développement des multiples ateliers et établissements industriels, complément indispensable du régime scolaire, dans SON ou SES centres de population.

ART. V. — ORGANISATION INTÉRIEURE DE L'ORDRE.

Des règlements ultérieurs détermineront et fixeront d'une manière complète, et dans le plus bref délai possible, l'organisation et le fonctionnement de l'Ordre.

Dans tous les cas, et dès maintenant :

1º L'Ordre est et demeure administré par son Promoteur et Fondateur, qui, à cet effet, prend le titre et a les attributions de Directeur.

2º Le Directeur est assisté par un Conseil d'administration composé de six membres au moins, et de dix membres au plus.

3º Le Directeur agit et le Conseil d'administration délibère sous l'inspiration immédiate d'un haut Comité de patronage.

ART. VI. — OBLIGATION COMMUNE A TOUS LES MEMBRES DE L'ORDRE.

La seule obligation commune à tous les membres de l'Ordre consiste :

1º A faire don une fois, à l'Ordre, d'une somme dont le montant est entièrement facultatif de la part du donateur ;

2º A souscrire, au bénéfice de l'Ordre, une cotisation annuelle de *un* franc pendant *cinq* ans ;

3º A faire ces libéralités dans un sentiment formel de charité du prochain et d'amour de la patrie.

AVIS.

Nous avons adopté pour emblème distinctif de l'Ordre libre du Denier de la veuve *l'insigne héraldique figurant, sur le frontispice de cette brochure, à savoir :*

L'insigne lui-même, ou plaque ;

Le ruban.

L'insigne porte de gueules, à une ourle d'épis constellée, en chef, de trois étoiles d'argent et de deux deniers alternés d'or, et d'un croissant d'argent en pointe avec la devise : service pour service, *et une ruche d'or en pal.*

La symbolique de ces charges est : le sang français, les trois vertus, l'aumône du pauvre mise au même rang, l'accroissement de l'Ordre et le travail de tous.

Le ruban est de soie épinglée de couleur scabieuse, et traversé longitudinalement d'un filet vert, symbole de l'espérance, et cerné de blanc.

L'insigne sera porté par tous les membres de l'Ordre, sous les conditions déterminées par la loi générale sur le port des médailles, décorations, etc.

Les modules en seront variés selon les grades dans l'Ordre. Nous ferons connaître la hiérarchie avec les modules et émaux correspondants. Nous donnerons aussi le tarif et l'adresse des marchands.

Tous renseignements sur ces points et sur tous autres seront fournis à la demande des adhérents, au fur et à mesure qu'ils feront parvenir leur adhésion et leur cotisation au siége provisoire de l'Ordre, rue de La-Tour-d'Auvergne, n° 41, à Paris.

Les personnes qui recevront cette brochure sont priées :

1º D'en faire parvenir le montant (5o cent. au bénéfice de l'Œuvre) plus 25 centimes pour frais de port, soit TROIS TIMBRES-POSTE *de 25 centimes;*

2º De répandre autour d'elles ladite brochure, dont l'Administration leur adressera, aux conditions ci-dessus, autant d'exemplaires qu'elles le souhaiteront.

*Un diplôme sera délivré en outre à chacun des membres de l'*ORDRE DU DENIER DE LA VEUVE*; ce diplôme sera, comme l'insigne, différent* SELON LE GRADE *de l'adhérent, et le mentionnera expressément.*

La collation des grades sera uniquement basée sur le degré de concours apporté par chaque membre. Quiconque aura groupé autour de soi dix adhérents, recevra, par ce fait, le grade immédiatement supérieur à celui de simple membre. Un grade supérieur encore sera conféré à quiconque aura opéré par son zèle la constitution et le groupement de dix dizaines de membres.

N. B. Jusqu'à nouvel ordre, toutes les adhésions et communications doivent être adressée à M. l'abbé CADORET, rue de *La Tour-d'Auvergne*, 41.

PARIS. — IMP. JULES LE CLERE ET Cⁱᵉ, RUE CASSETTE, 29.